Ecchymoses

Petites autopsies de nos cœurs valeureux

Marine Albert

Ecchymoses

Petites autopsies de nos cœurs valeureux

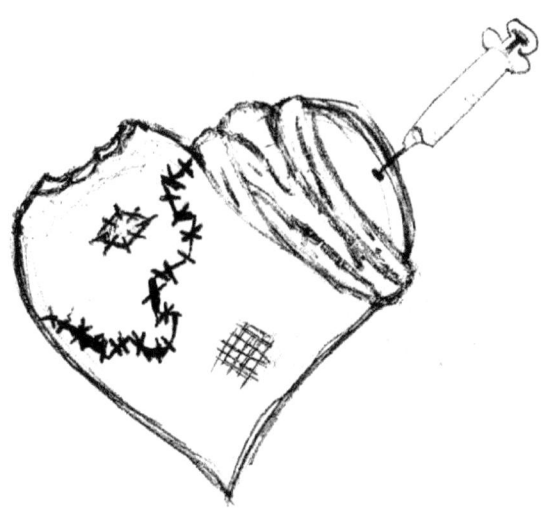

© 2020, Marine Albert

Édition : BoD – Books on Demand, 12/14 rond-point des Champs-Élysées, 75008 Paris
Impression : BoD - Books on Demand, Norderstedt, Allemagne

ISBN : 9782322256693
Dépôt légal : Novembre 2020
Prix : 8,99€

« On ne souffre jamais que du mal que nous font ceux qu'on aime. »

Victor Hugo

Sommaire

Préambule

Il existe des moments sur nos chemins de vie qui blessent mortellement les cœurs exposés. Des entailles de l'enfance aux morsures d'une histoire d'amour, en passant par la maladie ou d'autres évènements dramatiques, les cicatrices nous recouvrent, nous submergent parfois jusqu'à nous fragiliser dans tout ce que nous sommes.

Le réflexe de survie qui s'enclenche en réaction à ces bouleversements se révèle quelquefois plus dévastateur sur le long terme que le mal lui-même. De crainte qu'un nouveau malheur ne se prépare en embuscade, nous nous perdons dans nos réflexions, nos scénarios catastrophes hypothétiques, nous empêchant de profiter pleinement de chaque instant. Derrière la « façade » présentée au monde, se cache souvent une souffrance pernicieuse, profondément ancrée, enfermant son hôte dans un état fragile, instable, ou fermement solitaire malgré famille et amis, et ce, parfois sans même qu'il ne s'en aperçoive.

Cette solitude, que l'être humain espère combler grâce à l'amour, détruit avec force toute tentative de création de lien avec une tierce personne. Les peurs non résolues sont projetées dans une violence infinie sur un partenaire pourtant ardemment désiré, jusqu'à le malmener à son tour. Alors il s'en va. Pour son bonheur. Pour sa survie. Avec une cicatrice supplémentaire.

Affronter ses propres démons devient dès lors une obligation pour se reconstruire, déposer les armes et enfin faire tomber le masque. Après tout, l'expérience aidant, nous ne sommes plus séduits par un cœur vierge de tout drame, mais davantage par la façon dont il parvient à évoluer avec eux.

Ce recueil est une arme contre nos failles, nos doutes, nos hontes. Librement inspirés du vécu de proches, d'expériences personnelles, de faits divers ou purement imaginaires, ces poèmes retracent des étapes de vie dans lesquelles nous pouvons tous nous reconnaître. J'espère qu'ils aideront d'autres cœurs valeureux à se libérer du poids qui restreint leur élan.

Le cœur a ses raisons… que la poésie n'ignore pas. Bonne lecture.

Illusions perdues

Une enfant bien curieuse, lisant un conte de fées,

Pose une question sérieuse, d'un air catastrophé.

« Dites les princes charmants sur de grands chevaux blancs,

Ça existe vraiment ou c'est pour faire semblant ? »

Un malaise général assomme l'assistance,

Et l'ambiance conviviale se transforme en silence.

Chacun d'eux se souvient de la réalité :

Le grand amour s'obtient dans la difficulté.

Ecchymose

Apposée telle une marque sur la peau des victimes,

J'encre d'un bleu profond les douleurs de mon hôte.

Blessure qu'on ne remarque qu'une fois passé le « crime »,

J'imprime jusqu'aux tréfonds la teneur de la faute.

D'origine variée, ma présence fait débat.

Joyeusement charriée, comme un heureux coup-bas,

De vieux amis se moquent d'un collègue maladroit,

Quand l'étourdi se toque aux meubles en angle droit.

Dans le cou d'amoureux, je suis plus appréciée !

Symbole d'échanges fiévreux quelque peu outranciers,

On tente de me cacher, même si l'on m'adore.

Pas besoin de chercher, l'amour rend indolore…

Toutefois on s'indigne si je suis trop présente.

Une torture je souligne, m'espérant éloquente.

Témoin de leur violence, je révèle les démons,

Mais ma vaine impuissance n'empêche rien en amont.

Enfin dans l'invisible, je suis dévastatrice,

Lardant des cœurs paisibles de cruelles cicatrices.

Fissure sentimentale, je voudrais disparaître,

Pour rendre le moral à une âme en mal-être.

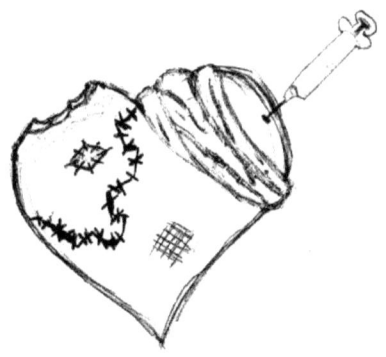

Imitation game

Lors d'une récréation, la nouvelle se propage.

Deux moyennes sections organisent un mariage !

Le rendez-vous est pris. Au pied de la marelle,

Ces petits bouts épris rassemblent leurs fidèles.

Se tenant par la taille, ils imitent leurs parents,

Remaniant les « détails » avec des yeux d'enfants.

« Je promets de m'aimer si la mort te sépare ! »

Naïve, sa bien-aimée ne flaire pas le traquenard...

L'échange se finalise d'un fier bisou baveux,

Que la foule de surprise accueille d'un rire nerveux.

Mais la joie de leurs noces, passées au bac à sable,

Se termine en divorce en rangeant les cartables.

Le parent absent

Aveuglé d'égoïsme, il s'enfuit tel un lâche,

Provoquant un séisme dans un cœur qu'on arrache.

Progéniture reniée dès sa plus tendre enfance,

Qui va la protéger de futures souffrances ?

Un abandon qui force ce petit être frêle

À se forger précoce une carapace modèle.

Pour ne plus le revivre, il veut être parfait,

Mais jamais ne se livre de peur d'être défait.

Grandir en décalé est sa malédiction.

Tout est accéléré, empathie, réflexion.

Mini humain prodige à qui tout réussit,

L'excellence il exige en vaillance endurcie.

Pouvoir se libérer d'un sentiment coupable,

Lui prendra des années d'une force incroyable.

Tout en s'ouvrant au monde, le bonheur il découvre

D'être accepté sans fronde, si son âme il entrouvre.

L'enfant qui assiste au pire

Au milieu de la nuit, assise dans la voiture,

Elle grignote un biscuit pendant une « filature ».

Assommée de fatigue, désirant son doudou,

Une petite fille s'intrigue de ce rituel fou.

Sans comprendre le but de ces soirées étranges,

Près d'un immeuble elle scrute son beau-père qui s'arrange.

Sa maman malheureuse vérifie si son homme

Passe une nuit sulfureuse près d'une autre personne.

Puis arrive une blonde qui en ouvrant la porte,

Dans une ambiance immonde faite d'horreur la transporte.

Découvrant trahison d'un second père volage,

Elle assiste au poison d'une rupture pleine de rage.

Une nuit fatidique qui laissera des traces,

Sur une enfant phobique que l'amour ne l'enlace.

Des erreurs de parents, attentifs et aimants,

Vont générer torrents de détresses et tourments.

Lettres à l'amour

Dans un joli lycée savamment arboré,

Une jeune fille blessée au regard éploré.

Cachée sous un préau, laissant couler sa peine,

Elle pleure ses idéaux d'une romance pérenne.

Convaincue que l'amour frappait sans sommation,

Elle avait sans détour choisie sa vibration.

Un étudiant perdu dans des histoires malsaines,

Dont son âme mordue rêvait d'être la reine.

Ne le connaissant point mais déjà éperdue,

Elle le couvait au loin d'une tendresse assidue.

Dénuée de confiance et craignant un rejet,

Des lettres en son absence elle lui déposait.

Des courriers anonymes, curiosité touchée.

L'éphèbe cherchait l'énigme de sa belle cachée.

Cette auteure de mystère recouvrant sa voiture

De missives solaires expliquant sa brûlure.

Mais par un jour de pluie, tombant sans crier gare,

Son secret fut détruit par un « ami » bavard.

Rassemblant son courage, elle s'était déclarée

À ce si doux mirage, cet avenir doré.

Le cœur au bord des lèvres, attendant sa réponse,

Devant d'autres élèves, elle confirma l'annonce.

Imaginant déesse, aigri de déception,

Sa fierté il abaisse sans nulle compassion.

Alors elle se retire, en papillon brisé,

Qui redevient chenille par la honte écrasée.

Les jours deviennent torture, la foule est sans appel.

Toute son âme se fracture sous le poids des séquelles.

Des mois pleins de souffrance sagement dissimulée,

Disparue l'innocence, la voilà esseulée.

Persuadée à tort que l'existence est vaine,

Elle se donne la mort en exposant ses veines.

Le consentement

En sortant de soirée, son ami éméché,

Assez désespéré, d'elle s'est entiché.

Axé sur ses envies, le regard prédateur,

Vers sa jupe il dévie, certain de ses faveurs.

Souhaitant le repousser, elle s'éloigne de lui.

Peu prêt à renoncer, il entame le conflit.

Membres tétanisés, en proie à la panique,

Elle est brutalisée par ce foutu sadique.

Sa culotte il arrache, en ignorant ses pleurs,

Et l'abîme tel un lâche, devenu un violeur.

Hoquetant son alcool, fier de sa performance,

De son corps il décolle, puis nettoie sa jouissance.

A demie exposée, cet ange n'a plus d'espoir.

Toute son âme s'est brisée en sombrant dans le noir.

En arrivant chez elle, vient la fin du calvaire,

Mais prouver les séquelles déclenche un autre enfer.

Elle dépose une plainte. On l'accable de maux.

« - Vous n'êtes pas si sainte, vu la taille de ce haut…

« Non » vous n'avez pas dit, il ne pouvait savoir !

Et puis un Vendredi, vous étiez là pour boire… »

Faut-il vraiment un « non » déterminé et franc,

Pour comprendre la notion d'absence de consentement ?

Moins terrible est l'action si court est le vêtement ?

Moins forte est l'exaction lors d'un divertissement ?

Un regard effrayé ne peut-il pas suffire ?

Un recul terrifié n'est en rien un sourire !

Des yeux pétris de larmes n'appellent aucun désir.

Respecter une femme, c'est savoir se (re)tenir.

Réciproque ?

Si je t'aime en silence

Et m'endors dans l'absence,

Rejoins-moi dans mes songes

Que l'espoir se prolonge.

Au cœur de l'onde

Comme une onde transitoire propagée dans le vide,

Bien palpable dans le noir, elle délie les timides.

Nos perceptions trompées, plus vives sont les couleurs

D'une passion décuplée par une forte lueur.

Dans son rayonnement vibre une longueur d'onde,

Celle de deux amants qui s'harmonisent au monde.

Peu importe l'optique, lorsqu'on est lumineux,

Simple est le diagnostic, nous tombons amoureux.

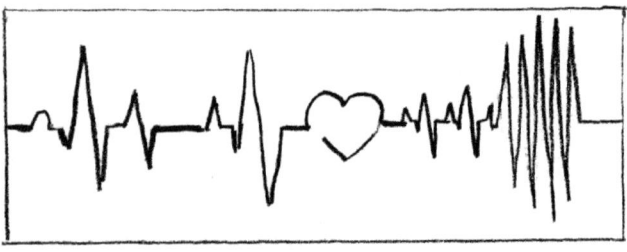

Trop tard

En savourant un verre, tu me fixes à distance.

Sur mes courbes se perd un regard bien intense.

D'un sourire charmeur, ton envie me fait signe.

Je fuis avec ardeur le siège que tu désignes.

J'ai fait une promesse qui implique un contrôle.

En moi nulle faiblesse, ni souhait de jouer un rôle.

Je n'ai point de respect pour les grands cavaleurs,

Et ma conscience en paix connaît bien ma valeur.

Alors je me détourne, tes faveurs ignorées.

Près d'amis je retourne égayer ma soirée.

Tu sembles bien déçu de mon manque d'attention.

Tu seras mieux reçu par ta prochaine option.

Distance

Sur le quai de la gare, des amoureux s'enlacent,

Attendant un départ qui les nourrit d'angoisse.

Pourtant habitués à ces allers-retours,

La distance va tuer leur ingénu discours.

Malgré leurs dévotions et de belles promesses,

Cruelle est la sanction d'un amour qu'on oppresse.

Sous le poids des trajets, la colère s'amplifie,

Et conduit au rejet d'un cœur qu'on sacrifie.

Question de choix

Se séparer d'une main parce qu'une autre nous vise,

C'est détruire un chemin balisé de franchise.

Un pari bien risqué, mené par égoïsme,

Qui une fois démasqué assène un traumatisme.

Jouer… et perdre.

Voici l'histoire d'un homme qui depuis quelques temps,

De tentation s'assomme pour une amie d'antan.

La partie semble jouée, pour elle nul ressenti,

D'émotions avouées, ni de joueuse sympathie.

Alors il abandonne, contentant son « amie »,

Qui jamais rien ne donne mais se croit tout permis.

Cette dernière a bien vu l'effet qu'elle générait,

Et à chaque entrevue montre désintérêt.

Il commence à chercher de quoi combler son cœur,

De façon détachée. Le principe l'écœure.

Mais dans les flots de vide, il rencontre une belle âme,

Une passion torride qui rallume ses flammes.

L'avenir semble sain, sans pression ni sévices,

Il confie ses desseins sans aucun artifice.

L' « amie » se décompose, où est son prétendant ?

Par surprise elle propose, la voilà minaudant.

En elle point d'affection pour ce garçon honnête,

Mais l'envie d'attention de sa fière marionnette.

Quittant sa relation, disposé à y croire,

Il prouve sa dévotion le cœur nourri d'espoir.

Détruisant au passage une alliée de valeur,

Il fait l'apprentissage d'une de ses pires erreurs.

L' « amie » tel un fléau se révèle indécise,

Flatté est son égo qu'il soit sous son emprise.

Elle finit par partir, rassurée sur son charme,

L'amenant à souffrir, le corps empli de larmes.

La belle âme a trouvé un futur bienveillant,

Son rêve s'en est allé pour un choix défaillant.

Ne reviens jamais.

Il s'envole en grondant vers des hospices trompeurs.

Admirons-le se mettre en quête de mieux ailleurs.

Cet homme fou, arrogant, guidé par ses désirs,

Peu importe le cœur qu'il compte laisser souffrir.

Il divague, s'imagine une foule à ses pieds,

Et vous rend responsable de ses projets échoués.

Cet homme laid, insensé, sujet aux pires caprices,

Qui face à vous seulement montre de biens grands vices.

Laissons-le s'en aller vers des désillusions,

Voyons-le s'écrouler sous une forte pression.

Cet homme mort, arriviste, pourri par l'ambition,

Finira par comprendre qu'il s'est trompé d'option.

Roulette

Une idée se répand que la vie n'est qu'un jeu.

Pris dans un guet apens aux multiples enjeux,

On expose sur un tour une mise trop élevée.

Une erreur de parcours dont il faut se relever.

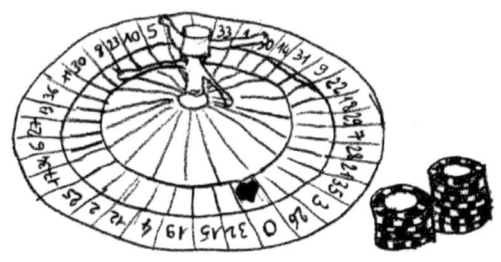

Compléments d'âmes

Les amis sont uniques.

Tel un complément d'âme,

Ils résonnent harmoniques

À nos plus petits drames.

Ton alliée

Disparue telle une ombre
Cette étincelle de joie.
Je vois que ton cœur sombre
En un flot de pourquoi.

Tu souffres le martyr
En cherchant à comprendre
Si ton âme l'a fait fuir
Ou s'il te fait attendre.

Oublie cet être indigne
Rongé par la lâcheté,
Qui ne donnant plus signe
Ose te dévaster.

Si pour lui tu ne vaux rien,
En mon cœur tu es belle.
Maudissons ce vaurien
Ensemble, amie fidèle.

Cancer

Voleur pourri de vices que la souffrance séduit,

Pour toi est-ce un délice la destruction d'autrui ?

Tu grandis en silence dans le corps de ton hôte,

Et maintiens l'ignorance des sourires que tu ôtes.

Tes soldats préparés, dissimulés dans l'ombre,

Finalement repérés, sont déjà en surnombre.

Engageant un combat en territoire paisible,

Ton ennemi se débat, prêt à tous les possibles.

Il endure tes supplices et épie ta croissance,

Parasite d'injustice, dévoreur d'innocence.

Échappés à ton sort respirent les survivants,

Qui repensent à leur mort et toi les poursuivant.

Ils mènent une existence où menace ton retour,

Comme une faucheuse en transe réclamant leur amour.

De valeureux guerriers tombent face à l'usure,

Des âmes saines broyées sous le poids des blessures.

Corps fondus de douleur en proie à tes tortures,

Ils partent vers un ailleurs, libres de tes morsures.

Puis tu laisses d'autres vies pleurer les disparus,

Malgré ton préavis, elles t'espéraient vaincu.

Tu n'engendres que mal, de toi la rancœur naît,

C'en devient viscéral à quel point je te hais !

Nid vide – Ni vie

Perché en un nid froid, livré aux prédateurs,

Un bel oiseau sans joie regarde vers les hauteurs.

Cet éden bleu azur désormais si lointain,

Lui rappelle la morsure subie en ce matin.

Dormant profondément, il n'avait reconnu

Un bruit bien intrigant de la forêt venu.

Dans les feuillages ombrés, quatre rapaces avides

Préparaient leur entrée pour une attaque perfide.

Dans une lutte acharnée, malgré toute son envie,

Il n'avait su gagner ni sauver une seule vie.

Perdant femme et enfant, ne pouvant plus voler,

Il attend en pleurant qu'on vienne le dévorer.

A l'horizon soudain, un arc en ciel volant,

Une nuée de couleurs devant lui virevoltant.

Alors il se souvient des jours émerveillés

Où empli de bonheur, il avait un foyer.

Ces moments de douceur en mémoire apaisants,

Ralentissent son cœur dans un silence pesant.

De fatigue il s'éteint, tourné vers ce mirage.

Enfin il les rejoint, dans un monde sans nuages.

Le château des larmes

Au royaume des morts survivent en pluie de larmes

Des adieux aux trésors, une détresse qui désarme.

Pleurant un être cher, des cœurs blessés s'effondrent,

Demandant en prière aux dieux de leur répondre.

Perdus dans le silence face à cette pâleur,

Encerclés par l'absence, trop forte est la douleur.

Ils referment le coffre de leur plus grand amour,

Attendant qu'on leur offre un aller sans retour.

Love me Tinder, love me true.

Enfin tout recommence, comme un cycle infini,

Des matchs sans essence jusqu'au déclic d'ennui.

Puis une conversation suscitant l'intérêt,

Nous replonge dans l'action d'un énième cas concret.

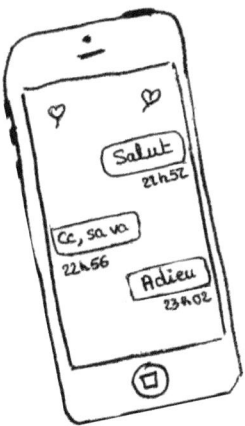

Courage, restons.

Voilà que j'alanguis mon corps,

Contre le torse de cet homme fort.

Vilement vaincue à même sa peau,

J'en rappelle fière à mon ego.

S'il se rapproche trop de ton cœur,

Que ce dernier retrouve preneur,

Te maîtriser tu ne pourras plus,

Recherche ta planche de salut.

Sentant mes doutes, de ses deux mains,

Il entend caresser mes seins.

Goûtant la paresse de mon âme,

Je meurs de plaisir dans ses flammes.

In. stable

J'ai le cœur endormi
Par toutes ces aventures.
Point de mélancolie,
Juste la peur d'un futur.

Saurai-je trouver celui
Désireux de m'aimer,
Qui m'ayant dans son lit
Souhaitera m'y garder ?

Tic Tac

Très chère pression sociale, soucieuse de mes ovules,

Laisse-moi trouver mon mâle, et prendre ma pilule.

Cette belle horlogerie, dont tu portes parole,

Lassée de tes âneries, dans l'alcool se console.

En quoi est-ce ton souci que d'enfants je n'aie point ?

Tu agis comme si mon cœur était disjoint

De la reproduction. Alors écoute bien.

Peu m'importe ta vision, ce corps entier est mien !

Pourquoi ne dis tu rien à ces grands indécis

Qui s'enfuient bien au loin quand on le négocie ?

Je veux aimer d'abord, et vaincre ma méfiance.

A quoi bon un homme « fort », s'il brille par son absence ?

Boomerang

Je vois deux enfants joueurs s'ébattant dans les champs.

Ils dansent parmi les fleurs en un bonheur touchant.

Les joues noircies de pleurs vibre un manque à combler,

Qui malgré la douleur aime les contempler.

Discussion online

Si à tes côtés le temps m'indiffère,

Et que de nous parler apaise en moi l'amer,

Reste auprès de moi, voyons où cela mène.

À de nouveaux émois, ou une histoire vaine ?

La rencontre

Au détour d'une rencontre et d'un baiser volé,

Cette lueur à tout fondre, tu tentes de contrôler.

C'est mignon je le vois, ton appétit se lit,

Et mon corps me tutoie de dormir dans ton lit.

Trouble

Je ne te connais pas, mais compte nos points communs.

Je me méfie de toi, après tout c'est humain.

Cette boîte à projection, brisée depuis longtemps,

Tu la couves d'attention, avouons c'est tentant

Retour de flamme

En douceur il m'approche, moi l'animal blessé.

Remuée par sa force, je me laisse enlacer.

Ses mains tendres m'apaisent, sur ma peau sont scellées.

Cet homme ravive les braises de mon cœur morcelé.

L'envie

Lorsqu'une âme inconnue

Bouleverse votre routine,

S'ouvre une route bienvenue

Vers des pensées coquines.

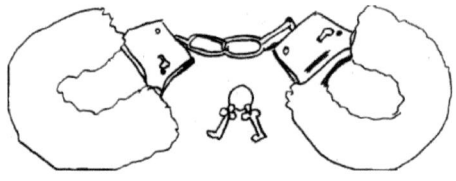

Quand les corps s'embras(s)ent.

Mon corps d'habitude si méfiant

Se laisse envahir d'attentions.

Désormais pleinement déviant,

Il me réclame ton impulsion.

Nuit d'or

Au retour d'un dîner, tel un aigle à sa proie,

De désir relevé, il avance vers moi.

Ses mains dignes d'orfèvres m'explorent et me surprennent.

Je sens monter une fièvre que je retiens à peine.

Quand ma jupe il soulève, je cambre d'émotion

Et libère son glaive, cernée par sa passion.

Fermement il oppresse toute ma féminité.

Je plie sous ses caresses, totalement habitée.

Hors de contrôle

Je me pare provocante de mes plus beaux atours,
Qui affolent les hommes et dessinent mes contours.
Tu vas vite comprendre le démon qui me tient,
Sur ta peau je vais fondre tant que tu te contiens.

Arrivée près du lit, réussi est l'effet.
Je vois monter en toi un désir bien concret.
Comme poignardé d'envie, tu t'empares de mes hanches.
Mes dessous envolés, la torture tu enclenches.

Dans tes yeux danse un feu que je ne maîtrise pas,
Et ta bouche conquérante coordonne mon trépas.
Tu augmentes la pression d'une langue qui me dévore,
Je gémis sans contrôle, emportée vers ma mort.

Tu t'éloignes de moi pour mieux me regarder,
Consumé d'une ardeur bien prête à déborder.
Suppliant à moitié d'être à nouveau choyée,
Tu reviens sans pitié pour un dernier délié.

En pénétrant mon fort, tu m'explores plus profond,

Tendu vif en mon corps, je m'arque de frissons.

Ta vitesse tu accrois et je ne me tiens plus,

Je crie ton nom d'émoi, portée par ton influx.

Agrippée en diablesse aux monts de tes à-coups,

J'encourage ta liesse, le plaisir me secoue.

Dans l'assaut tu m'achèves, comble de ta puissance,

Et je ressens ta sève provoquer ma jouissance.

Silence radio

D'où sort cette invention du silence radio,

Cette étrange attention à retenir ses mots ?

S'il y a bien relation, il faut communiquer.

Brider son expression revient à tout manquer !

C'est assez drôle au fond, cette tendance soudaine,

Où l'amour se confond en attitude lointaine.

On cherche à faire craquer la personne à séduire,

Qui de vide provoquée, souhaite surtout s'enfuir…

Le « Coup » de foudre

La foudre tombe telle une arme de destruction massive,

Qui engendre un vacarme de nature explosive.

Bien assis sur ta bombe, tu omets quelques faits,

Autant creuser ta tombe quand ils seront défaits.

De nature électrique, elle frappe sans crier gare,

Quand arrive le déclic d'une éthique à revoir.

Grondant en un éclair, voici venir l'orage,

Qui t'annonce la colère du début d'un outrage.

Terrorisée

Recouvrant son visage de larmes douloureuses,
Elle exècre son image d'amante miséreuse.
Nul ne sait d'où lui vient cette propension au doute,
Mais la pauvre se souvient des causes de sa déroute.

Meurtrie de faux-semblants par un fieffé menteur,
Elle pleure en s'étranglant, terrassée par la peur.
L'apparition soudaine d'un amour protecteur,
La ramène incertaine à sa propre valeur.

Comment cet être fort peut-il la désirer,
Lui qui porte sur son corps des regards chavirés ?
Il y a forcément faille dans ce discours honnête !
Elle se livre bataille et joue les indiscrètes.

Téléphone, internet, épiant ses faits et gestes,
En traquant sa défaite, de honte elle se déteste.
Il faut vite s'enfuir avant qu'il ne l'atteigne,
S'arranger pour partir avant que son cœur saigne.

Mais un soir elle comprend, seule dans son affliction,

Que de lui elle s'éprend et craint son attraction.

Pourtant prête à tenter une relation saine,

Elle se fait violenter par des blessures anciennes.

Elle décide en secret de demander renfort.

Des entretiens discrets l'aident à mener l'effort.

Ne plus se saboter est un bien lourd combat.

En elle la volonté de clore ce vieux débat.

Les erreurs font apprendre

Passé jour de rupture, peu de chance de répit.

On panse quelques blessures et revoit sa copie.

Les regrets et remords se font alors une place.

Ce n'est point indolore de se tromper hélas.

Voilà bien un gâchis d'avoir même projet,

Mais de s'être affranchis d'aborder ces sujets.

Pas la même méthode pour atteindre une vision,

Écarts qui nous érodent de plusieurs dysfonctions.

Blessée de constater que malgré ma présence,

Point de priorité mais juste une préférence,

Une action sans respect répondant à une autre,

Révèle bien des aspects de chacune de nos fautes.

Nullement désespérée, en prenant tout mon temps,

J'étais bien préparée à vivre mon présent.

En moi nulle tendance à regarder ailleurs,

Je donnais pleine chance à un unique joueur.

C'est là la discordance, source de tous soucis.

S'il y a une concurrence, on est plus indécis.

Même si la discussion prend tournure platonique,

L'esprit vit le frisson d'un « match » hypothétique.

Comme deux autres personnes, sans enjeux ni périls,

Désormais on raisonne, calmés au bout du fil.

Une impression acide de ne pas se connaître,

D'un possible qui s'oxyde et se voit disparaître.

Au fond je le sais bien, voilà une belle personne,

Qui malgré son maintien, à l'avenir se cramponne.

On ne s'est pas montré sous notre meilleur jour,

Bien qu'on ait rencontré une âme pour ce parcours.

Quelle grande frustration de vivre un faux départ,

Et triste déception de se dire au revoir.

Mais si l'on positive, malgré nombre d'erreurs,

C'était une tentative avec de la valeur.

Mémoire sélective

La mémoire se veut joueuse avec les sentiments,
Et efface peu honteuse le regard d'un amant.
Rabaissant vos envies durant nombre d'années,
Dans la brume elle l'enfouit en souvenirs condamnés.

D'habitude si prompte à vouloir oublier,
Voilà qu'elle ne surmonte les yeux d'un autre ailier.
Une histoire nuancée et peu d'instants fugaces,
Vont marquer ses pensées d'une tendresse bien vivace.

Étrange sélection que Madame effectue,
Ancrant des impressions que l'esprit s'évertue
À remettre en contexte pour les atténuer.
N'est-ce pas qu'un prétexte pour mieux se protéger ?

Que le hasard est traître.

Une journée libérée, je profite de l'instant

Pour au calme m'aérer, mais te croise en sortant.

De surprise je me tords, tu es accompagné.

D'embarras tu m'ignores. Me voilà dédaignée.

Il faut bien reconnaître qu'en pleine réflexion,

Je voulais voir renaître une plus saine relation.

J'espérais que tu sois un peu plus proactif,

Je ne m'attendais pas à un rebond si vif.

Assister à la scène m'a sorti du déni.

Tourmentée par la peine, cette fois je te renie.

Les larmes sont plus réelles que je ne l'imaginais.

Quelle idiote d'être celle qu'une passion dominait !

En souhaitant ton bonheur, je ne peux rien te dire,

Si ce n'est le meilleur et te laisser partir.

Aujourd'hui si j'écoute, mon cœur est bien blessé,

D'avoir été sans doutes aussi vite remplacé.

Celui qui s'en va

Dans ses larmes il regrette leurs baisers langoureux,

Ses sourires sous la couette, un désir sulfureux.

Sentant toujours son corps onduler sous le sien,

De manque il se dévore mais la fierté le tient.

En quête de son bonheur, il enchaîne sans faillir,

Jugeant à contrecœur que prévalent ses désirs.

Mais dans l'incertitude, les souvenirs sont terribles,

Au fond sa solitude est toujours bien visible.

Dans la bonne direction

Face au soleil couchant, courant loin du passé,

M'interrompt le doux chant d'un bonheur amorcé.

Des reflets orangés esquissent un horizon,

Où mon âme allégée apaise ma raison.

Les enfants en baignade s'éclaboussent de rires,

Mon cœur saisi s'évade, décidé à grandir.

Fière je pars désormais dans la bonne direction,

Celle où l'on se permet de vivre ses passions.

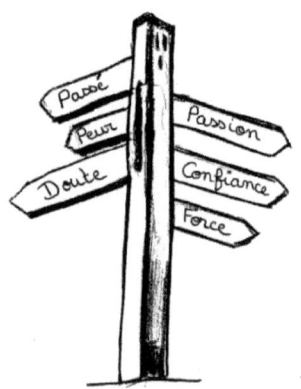

Et la confiance vint

Un frisson d'inédit, voici donc la confiance,
Quand un cœur engourdi lève ses réticences.
Il croit en sa valeur, est prêt à s'exposer,
Sans une once de torpeur de se voir refuser.

Quel doux sentiment que de sentir ses craintes
S'envoler d'épuisement en comblant leurs empreintes.
Il faut aimer autrui quand il nous fait grandir,
Tout en gardant appui sur nos projets d'avenir.

S'oublier est l'erreur d'une assurance blessée,
On s'abandonne de peur de ne pas être « assez ».
En regardant devant on construit son chemin,
Tant mieux si nous suivant quelqu'un nous prend la main.

Compagnes de voyage

Dans un lointain passé, une liberté fêlée,

En un cœur oppressé se trouvait isolée.

Quand suite à rébellion de son âme toute entière,

Revint la possession de son plein caractère,

Une promesse elle se fit : « Je ne me perdrai plus !

Je profiterai aussi d'une vie résolue. »

Elle reprit tout en main, des projets plein l'esprit,

Suivant enfin chemin où l'avenir sourit.

La confiance l'attendait, sur le bord de la route,

Elle qui se morfondait, décharnée par le doute.

Liberté l'embrassa, lui relevant la tête.

Confiance la remercia, désormais satisfaite.

Alors main dans la main, elles poursuivent le voyage,

Regardant vers demain de nouveaux paysages.

Deux êtres endommagés

Deux êtres endommagés se rencontrent un été

Sur une plage protégée, prêtant proximité.

Dominés par la peur, ils se cherchent mais repoussent

Cette nouvelle lueur aussi fébrile que douce.

Leur cœur les sermonne, craignant d'autres blessures.

De fuir il leur ordonne, préférant la rupture.

Mais face à la tristesse de devoir se quitter,

Ils se font la promesse de ne rien regretter.

Quand arrive l'automne, l'un dans l'autre enlacés,

Corps et âmes s'abandonnent dans une étreinte poussée.

Écorchés mais guéris par un nouveau sourire,

Ils apprécient la vie, ce qu'elle veut leur offrir.

C'est dit !

Trois mots qui s'abandonnent

D'un élan spontané,

Et nos deux cœurs résonnent

En douceur d'être aimés.

Si mon cœur est la terre

Si mon cœur est la terre, tu es source de vie,
Une rivière de lumière dont la joie m'envahit.
Près de toi tout s'éclaire, je croîs et je grandis,
Dans un amour solaire, tu cultives mes envies.

Si mon cœur est la terre, toi fontaine de Jouvence,
D'un sourire sincère, tu repousses mes souffrances.
Ma nature tu révèles, infiltrant mes racines,
Éclos une plante nouvelle mue de pétales câlines.

Si mon cœur est la terre, toi la plus douce pluie,
Au milieu du désert, tu récoltes mon fruit.
Mon sol a faim de toi, de cette eau qui l'embrasse,
Qui s'écoulant en moi de passion me terrasse.

Une proposition

Au réveil enlacée, l'âme comme engourdie,

Par une lune passée au sein d'un paradis,

Elle pose énamourée des yeux pleins de tendresse

Sur cet homme assuré l'enserrant de promesses.

À demi éveillé, caressant ses cheveux,

Posé sur l'oreiller, il exprime son vœu.

Son regard la transperce d'une infinie douceur.

Sa voie grave la berce d'un instinct protecteur.

Il dépose sur son nez un baiser vulnérable,

Attendant passionné un avis favorable.

Envahie par les larmes, amoureusement réjouie,

Elle succombe à son charme, bien contente de dire « oui ».

~~Illusions perdues~~ / Tu vas devoir te battre.

Une enfant bien curieuse, lisant un conte de fées,

Pose une question sérieuse, d'un air catastrophé.

« Maman les princes charmants sur de grands chevaux blancs,

Ça existe vraiment ou c'est pour faire semblant ? »

Dans ses yeux attendris, son parcours lui revient.

Elle observe son mari, qui en tout la soutient.

Alors elle la prévient de la réalité :

« Le grand amour s'obtient dans la difficulté. »

Au sujet de l'auteure

Née en 1986 à Lyon, Marine Albert vit sur la Côte d'Azur. Docteure en sciences et enseignante passionnée d'arts, elle se tourne vers l'écriture pendant le confinement du printemps 2020.

Les choses s'enchaînent alors rapidement. Elle démarre une page Instagram, @marine_ecrit, qui rassemble en quelques mois près d'un millier de lecteurs bienveillants. Un premier poème, *"Tic Tac"*, critique au vitriol de la pression sociale exercée sur les trentenaires sans enfants, est publié dans la revue spécialisée *Poétisthme*. *"Un éclair... de gourmandises"*, poème coquin jouant sur le double sens, est également lauréat du concours de poésie annuel du Tarn.

L'édition de ce premier recueil s'impose alors comme une évidence, une continuité naturelle de partage. Un second ouvrage poétique, d'ores et déjà en écriture, sortira à l'été 2021.

Remerciements

L'autopsie d'un cœur valeureux étant une entreprise ardue, je tiens à remercier toutes les personnes qui ont eu un impact dans la réalisation de ce projet.

Alors merci à toi, mon amie, qui malgré la fatigue d'une journée exténuante, se démène sans compter pour soigner mes blessures jusqu'à ce qu'elles cicatrisent.

Merci à toi aussi, famille hors-normes, qui me laisse libre de mes choix, mais continue d'assurer mes arrières, au cas où.

Merci à Odile, pour sa gentillesse et son avis sur ce recueil, et à Gaëlle Fonlupt, auteure merveilleuse, pour ses conseils de haute qualité.

Merci à ces amants perdus, sources d'émotions contrastées.

Enfin merci à toi, lecteur et/ ou poète d'Instagram, qui m'a poussé avec une bienveillance sans limite sur ce chemin d'expression libre.